Inhalt

Funkfrequenztechnik (RFID) wird von der Kostenseite her attraktiv - Immer mehr Unternehmen planen konkrete Einsatzszenarien

Kernthesen

Beitrag

Fallbeispiele

Weiterführende Literatur

Impressum

Funkfrequenztechnik (RFID) wird von der Kostenseite her attraktiv - Immer mehr Unternehmen planen konkrete Einsatzszenarien

M. Westphal

Kernthesen

- Die Kosten für die Einfühung der Funkfrequenztechnik erreichen bald die Rentabilitätsgrenze.
- RFID-Technologie bietet gegenüber der

traditionellen Barcode-Technik viele Vorteile
- Ein wesentlicher Hinderungsgrund für flächendeckende Einführung der RFID-Technologie ist die noch fehlende Standardisierung der Schnittstellen und Frequenzbänder.
- Für RFID-Technologie gibt es inzwischen vielfältige Anwendungsszenarien.
- Auch für RFID-Technik stellen Hacker eine Gefahr dar.

Beitrag

Die Kosten für die Einfühung der Funkfrequenztechnik erreichen bald die Rentabilitätsgrenze

RFID (Radio Frequency Identification) ist in aller Munde. Nicht einmal das Organisationskomitee der Fußball-Weltmeisterschaft 2006 kann sich dieses Ereignis ohne die Nutzung dieser Technologie vorstellen. So sollen RFID-Chips auf den Eintrittskarten den Versand dieser vereinfachen und Hooligans durch vorab erfolgten Datenabgleich vom Ticketkauf ausgeschlossen werden.

Die Tags stehen mit ihren Stückpreisen kurz vor der Rentabilitätsgrenze für ihre Einführung. Die damit verbundenen Rationalisierungspotenziale faszinieren vor allem den Handel, der derzeit alle möglichen Einsparszenarien durchspielt und hofft, aufgrund seiner Marktmacht die Einführung vorantreiben zu können.

RFID-Technologie bietet gegenüber der traditionellen Barcode-Technik viele Vorteile

Abhängig von der Bauweise können RFID-Chips eine Speicherkapazität von 64 bit bis zu 32 KB aufweisen. Die Funkfrequenz, mit der der Chip angesteuert wird liegt zwischen 50 kHz und 2,5 gHz. So wird der Chip geortet und seine Informationen werden abgefragt. Einer der wesentlichen Unterschiede und auch Vorteile von Funkchips gegenüber den seit den 50er Jahren eingesetzten Strich-/ Barcodes ist, dass die Informationen der RFID-Tags nicht unveränderbar feststehen. Es gibt verschiedene Chip-Arten, bei denen die Informationen bei Bedarf auf den einzelnen Etappen der Supply Chain ergänzt oder verändert werden können.
Darüber hinaus ist die Fülle an Informationen deutlich höher, so können Barcodes bis zu 1 000

Zeichen enthalten, die RFID-Chips können bis zu 64 000 Zeichen aufnehmen. (1)

Außerdem benötigt ein mit RFID-Labeln ausgestattetes Produkt keinen Sichtkontakt zum Leser, wenn die Informationen eingelesen werden sollen. Im Gegensatz zu den Barcodes, bei denen die Informationen eingescannt werden, ist bei Funkchips nur die jeweils maximale Sendereichweite des Chips zu berücksichtigen. (1)

Noch ist der Kostenfaktor einer der wesentlichen Hinderungsgründe für die große Verbreitung der Funkchips. So kosten die einfachen passiven Chips inzwischen zwar "nur" 10 15 Cent. Die technisch anspruchsvolleren aktiven Chips sind aber immer noch nicht unter 10 15 Euro zu haben. (1)

Ein wesentlicher Hinderungsgrund für flächendeckende Einführung der RFID-Technologie ist die noch fehlende Standardisierung der Schnittstellen und Frequenzbänder

RFID benötigt eine weltweit normierte Funktechnik, um eine geschlossene Lieferkette für Industrie und Handel zu gewährleisten.
Treiber der Standardisierung ist die Interessenvereinigung EPC global und die sechs von ihr eingesetzten so genannten Auto-ID-Labs. (2)
Aufgabe der Auto-ID-Labs, die auch die Technik entwickelt haben, mit der Informationen auf einem RFID-Chip verwaltet werden, ist die Entwicklung von Verfahren, mit denen sich die preisschildgroßen Chips möglichst kostengünstig produzieren lassen. Außerdem arbeiten sie an der Standardisierung der Luftschnittstelle zwischen Tag und Reader. (1)
Das Hauptproblem ist nicht die Standardisierung als solches, sondern die Einigung über eine weltweite Funkfrequenz, über die Tags und Lesegeräte ihre Informationen austauschen.
Leider gibt es keine, für RFID-Technologie brauchbare, Frequenz mehr, die weltweit verfügbar (bzw. noch frei) ist. (2)
Ein weltweiter Standard ist die 13,56 Megahertz-Frequenz. Diese Frequenz benötigt aber einen Leseabstand von weniger als einem Meter. So ließen sich Ultrakurzwellen über fast 20 Meter erfassen.

Für RFID-Technologie gibt es inzwischen vielfältige

Anwendungsszenarien

Für die RFID-Technologie lassen sich grundsätzlich drei Szenarien erwarten:
- Automatisierung von Prozessen wie Lieferkettensteuerung oder das Management von Kundenbeziehungen, um Kosten zu senken
- Kopplung von Produkten und Services, um stärker auf Bedürfnisse von Stammkunden einzugehen sowie Generierung von neuen Käufern
- Entwicklung neuer, "pay-per-use"-basierter Geschäftsmodelle, bei denen Gegenstände und deren Nutzung identifiziert und abgerechnet werden (2)

Auch für RFID-Technik stellen Hacker eine Gefahr dar

Auch RFID-Tags können Ziel von Hackern werden. Sie können die elektronischen Etiketten mit falschen Angaben über die ausgezeichnete Ware manipulieren. So seien dann Chaos in den Lieferkettensystemen der Händler wie auch Diebstähle mögliche Folgen, nötig sei allein ein mit spezieller Software ausgestatteter PDA. Nur verschlüsselte Chips können hier Abhilfe verschaffen, diese sind aber noch viel zu teuer, um sie auf Billigartikel zu kleben. (3)

Fallbeispiele

Der Konsumgüterhersteller Procter & Gamble hat ein Pilotprojekt gestartet, in dem ereignisbezogene Werbung getestet wird. Das sogenannte "smart shelf" für Kosmetikprodukte erkennt mittels Funkchip-Technik, welches Shampoo eine Kundin nimmt und spielt auf einem Monitor im Regal ein Video über die dazu passende Spülung ab. (2)

Das Projekt Avus des Automobilherstellers VW nutzt 14 000 Transponder und 40 Gates dafür, dass Fahrzeuge auf der Halde schneller auffindbar sind. 2 000 Tags verfolgen im Zusammenspiel mit 60 Einlesestationen im Projekt Cargo Indoor die Autos in der Endmontage. (2)

In der Automobilindustrie werden die RFID-Tags schon vielfältig genutzt. So sind bei Automobilherstellern etwa 200 000 Datenträger installiert. Die Fehlerrate beim Einlesen beträgt etwa 0,02 Prozent. Anti-Collisions-Technik sorgt dafür, dass die Daten den einzelnen Transpondern eindeutig zugeordnet werden können, auch wenn sie sich mit der Maximalgeschwindigkeit von 200 km/h bewegen. (8)

DHL Solutions hat sich in Frankreich als Marktführer bei der Logistik hängender Textilien etabliert und zählt 70 Prozent der namhaften Marken zu seinen Kunden. Eine der Aufgaben besteht darin, jedes Kleidungsstück lückenlos zu verfolgen. Zu diesem Zweck werden fingernagelgroße in einem flexiblen Plastiketikett eingeschweißte "RFID Fashion Chips" möglichst gleich bei der Herstellung in das Kleidungsstück eingenäht. Das ermöglicht die lückenlose Erfassung der Kleidungsstücke vom Hersteller bis zum Endkunden über alle logistischen Etappen hinweg. (2)

Nach dem Handel hat die RFID-Technologie nun auch die Luftfahrt erreicht. Delta Airlines, Boeing, Airbus und SAS bemühen sich um eine Standardisierung der Technik, außerdem ist in den USA zwischen Flughäfen und linien ein Streit um die Frequenznutzungsrechte entbrannt. (9)
Delta Airlines hat bereits zwei Praxisversuche in Sachen Gepäckidentifizierung absolviert. Nun geht Delta dazu über, die Funkfrequenztechnik auch für die Kennzeichnung von Maschinenteilen anzuwenden. Ein diesbezüglicher Feldtest wird voraussichtlich Ende dieses Jahres abgeschlossen sein. Problem wird sein, herauszufinden, ob die RFID-

Etiketten Temperaturen bis zu 250 Grad Celsius aushalten.
Die in der Luftfahrtindustrie verwendeten Tags unterscheiden sich von den im Handel genutzten allein schon in der Größe der Speicher aufgrund der langen Seriennummern und der Reparaturhistorie der Teile.
Boeing hat so in einem Feldtest erprobt, dass Sender mit einer Frequenz von 13,56 Megahertz auch in der Interferenz-anfälligen Metallumgebung eines Flugzeuges funktionieren. (9)

Delta Airlines möchte mit Einsatz der Funktechnik dem Gepäck ihrer Fluggäste auf Inlandsflügen künftig auf der Spur bleiben und damit Kosten von jährlich 100 Millionen Dollar einsparen.
Die Anzahl verschollener Gepäckstücke soll reduziert werden. Es geht derzeit zwar nur knapp ein Prozent des Gepäcks verloren, aber dieses kostet die Airline jährlich etwa 100 Millionen Dollar. Die Implementierung der neuen Lösung kostet etwa 25 Millionen Dollar. Der Zeitpunkt für die Implementierung steht zwar noch nicht fest, aber das Pflichtenheft wird schon erstellt und mit möglichen Anbietern wird gesprochen. (12)

Der IT-Distributor Ingram Micro möchte zur Identifikation von Produkten und Sendungen auf RFID vertrauen und hofft hierbei auf eine Vorreiter-

Rolle der Hersteller. Allerdings rechnet Ingram Micro mit einer tatsächlichen Einführung nicht vor 2006. (10)

Wal-Mart hat seine Pläne zur RFID-Einführung auf Informationsveranstaltungen insgesamt 300 Lieferanten vorgestellt. Bis zu 600 Wal-Mart Märkte sollen, trotz augenblicklicher Probleme mit der Lesbarkeit von RFID-Tags, bereits ab Oktober 2005 per RFID beliefert und genauer als bisher gesteuert werden.
Gemäß dem Wal-Mart-Rollout-Plan sollen bis Januar 2005 bereits in Nord-Texas drei Distributionszentren mit rund 150 angeschlossenen Märkten live gehen, bis Juni 2005 sollen dann bis zu sechs Lager mit 250 Märkten im RFID-Live-Betrieb funktionieren. Im Oktober 2005 sind dann 13 Distributionszentren mit 600 Outlets geplant.
Die größten Schwierigkeiten mit der Lesbarkeit von Tags bestehen derzeit für die Lieferanten von Produkten mit Umverpackungen um Flüssigkeiten, oder mit Metallen im bzw. am Produkt.

Seit drei Wochen wird in einem Gemeinschaftsprojekt von Rewe, Gaffel Brauerei und zwei Forschungsinstituten der Lauf von Mehrweg-Bierkästen innerhalb der Brauerei wie auch den Rewe-Partnern untersucht. Insbesondere die Lesbarkeit der RFID-Tags in Gitter-Einkaufswagen aus Metall bereitet große Leseprobleme. Insgesamt ist diese Technik noch mit sehr viel "Bastelarbeit" verbunden. (11)

IBM hat im französischen La Gaude sein erstes europäisches RFID Testing and Solutions Center eröffnet. Hier können sich interessierte Kunden über RFID als End-to-end-Lösung informieren sowie die für die Integration mit Backend-Systemen erforderliche Middleware ansehen. Ähnliche Einrichtungen unterhält IBM in Gaithersburg, Maryland und Tokio. (12)

Die Metro Group hat im Kaufhof-Lager Neuss auf 1 300 qm ihr "RFID Innovation Center" eröffnet. Vertriebslinien, Technologiepartner und Lieferanten können mit den Möglichkeiten dieser neuen Technologie spielen. 30 Installationen und Geräte auf Basis RFID sind hier installiert. Der Ernst beginnt für alle erst ab November, wenn die ersten 20 handverlesenen Metro-Partner die Distributionszentren mit RFID-Paletten beliefern sollen. Nach und nach werden weitere Partner, Distributionszentren und Outlets eingephast, bis dann im Frühjahr 2006 die angepeilte Anzahl von 300 Lieferanten erreicht ist. Das weltweit fünftgrößte Handelsunternehmen erhofft sich wie auch Tesco eine deutliche Verbesserung der Lieferkettenprozesse. Für die Vernetzung und Integration der RFID-Daten kommt Software der Websphäre-Familie von IBM zu Einsatz. (13) (14)

Der Halbleiterproduzent Infineon möchte nicht mehr nur einzelne Komponenten produzieren, sondern sich auch einen Namen machen als Anbieter von RFID-Systemlösungen. Als ein erster Schritt ist in Graz das Solution Excellence Center als universelle Plattform für RFID-Systemlösungen vorgestellt worden. Dieses Center soll als Anwendungs-Demo-Center dienen, gleichzeitig ein Entwicklungs- und Verifikationscenter sein wie aber auch ein Technologie-Evaluations-Center und ein Trainings-Center. Neben Smartlabels (ein in Papier oder Plastik integrierte RFID-Chip und eine Antenne) können hier Lesegeräte sowie eine RFID-System-Integrationsplattform für die Anbindungen und den Betrieb RFID-gestützter Logistik-Anwendungen in Unternehmen "erlebt" werden. Es werden hier zwei Lösungsbeispiele aus der Bekleidungsindustrie gezeigt, wobei die an der Förderkette hängende Kleidung mit 20 m/min transportiert wird. In einer Lösung sind die Transponder in den Kleiderbügeln integriert, in der anderen Alternative werden sie direkt an der Kleidung befestigt. (7)

Weiterführende Literatur

(1) Klingsieck, Ralf, Wäsche mit Chip ermöglicht lückenlose Verfolgung, DVZ, Nr. 72, 19.06.2004
aus W&V Online-Magazin vom 08.06.2004

(2) Uneinheitliche Frequenzen blockieren durchgängige Logistik – Weltweite Standardisierung steckt noch in den Kinderschuhen Funkchips erfordern starke Analysewerkzeuge
aus Computer Zeitung, Heft 25, 2004, S. 14

(3) Auch RFID-Chips und Bluetooth-Handys betroffen Experten warnen: Hacker rüsten auf
aus Computerwoche, 06.08.2004, Nr. 32, S. 1-4

(4) EINSCHÄTZUNG Bedarfsanalyse geht vor
aus IT Business, Heft 26/2004, S. 11

(5) Neue Technologie ist oft nicht mehr als Marketing-Motor RFID steckt noch in den Kinderschuhen
aus BA Beschaffung aktuell, Heft 7, 2004, S. 57

(6) 600 Prozent Wachstum
aus Impulse vom 01.07.2004, Seite 34

(7) Solution Excellence Center in Graz RFID-Zentrum für industrielle Lösungen
aus BA Beschaffung aktuell, Heft 7, 2004, S. 58

(8) Die RFID-Technik hat ihre Fans schon laengst gefunden
aus DVZ, Nr. 091 vom 03.08.2004

(9) Delta testet, Boeing und Airbus kooperieren, Flughäfen und Carrier streiten RFID - demnächst auch für Flugzeugteile
aus Computerwoche, 18.06.2004, Nr. 25, S. 30

(10) LOGISTIK: WARENÜBERWACHUNG PER RFID Einsatz im Handel rückt näher
aus IT Business, Heft 26/2004, S. 11

(11) Rewe behält Kästen im Blick
aus Lebensmittel Zeitung 25 vom 18.06.2004 Seite 024

(12) Delta Airlines: Funketiketten sollen Verluste verhindern Koffer-Tracking dank RFID
aus Computerwoche, 16.07.2004, Nr. 29, S. 27

(13) Erste Rollout-Phase startet im November Metro: Aus dem RFID-Spiel wird Ernst
aus Computerwoche, 16.07.2004, Nr. 29, S. 13

(14) Metro-Lieferanten können in Neuss RFID testen
aus Lebensmittel Zeitung 28 vom 09.07.2004 Seite 026

Impressum

Funkfrequenztechnik (RFID) wird von der Kostenseite her attraktiv - Immer mehr Unternehmen planen konkrete Einsatzszenarien

Bibliografische Information der deutschen Nationalbibliothek

Die Deutsche Nationalbibliothek verzeichnet diese Publikation in der deutschen Nationalbibliografie; detaillierte bibliografische Daten sind im Internet über http://dnb.d-nb.de abrufbar.

ISBN: 978-3-7379-0296-0

© 2015 GBI-Genios Deutsche Wirtschaftsdatenbank GmbH, Freischützstraße 96, 81927 München, www.genios.de

Alle Rechte vorbehalten. Dieses Werk ist einschließlich aller seiner Teile – z.B. Texte, Tabellen und Grafiken - urheberrechtlich geschützt. Jede Verwertung außerhalb der Grenzen des Urheberrechtsgesetzes bedarf der vorherigen Zustimmung des Verlags. Dies gilt insbesondere auch für auszugsweise Nachdrucke, fotomechanische Vervielfältigungen (Fotokopie/Mikroskopie), Übersetzungen, Auswertungen durch Datenbanken oder ähnliche Einrichtungen und die Einspeicherung und Verarbeitung in elektronischen Systemen.